Ein Elefant mit Stupsnase?

Bilder und englischer Originaltext:
Sue Camm
Deutsche Fassung: Edith Jentner

Pestalozzi-Verlag, D 8520 Erlangen

Das Elefantenmädchen heißt Evelin
und wohnt mit seiner Familie
in Afrika. Dort ist es sehr heiß,
nur im dichten Wald ist es
schattig und kühl.
Evelin hat eine sehr lange
dünne Nase, so wie das
bei Elefanten üblich ist.
Beim Gehen schlenkert ihr Rüssel
hin und her.

Evelin spielt unter einem Baum.
„Hast du eine komische Nase!"
ruft ihr Axel Affe zu. „Sieh dir
mal meine an! Sie ist ganz klein
und stört mich nicht, wenn ich
auf Bäume klettere." Er macht sich
über Evelin lustig und springt
dann fort.
„Ist meine Nase zu lang?"
fragt sich Evelin.

Auch Paul Papagei verspottet Evelin.
„Deine lange Nase sieht aber seltsam aus! Ich habe einen kurzen festen Schnabel. Damit knacke ich Nüsse. Kannst du das auch?" ruft er laut.
Dann breitet er die Flügel aus und fliegt davon.
„Vielleicht ist meine Nase wirklich zu lang", denkt Evelin.

Evelin trifft dann Willi Wildschwein. Auch er macht sich über ihre lange Nase lustig. „Ich finde deine Nase komisch“, sagt er. „Meine ist kurz und stark. Damit kann ich Wurzeln ausgraben. Siehst du, so...“ Und Willi wühlt im weichen Boden. „Jetzt weiß ich, daß meine Nase zu lang ist“, sagt Evelin traurig.

Wer kommt denn da?
Das ist Gina Giraffe. Auch sie spottet über Evelins Nase.
„Hihi, hast du eine lange Nase!" lacht sie. „Die ist dir doch bestimmt immer im Weg. Stört sie dich nicht beim Laufen?"
Gina schlägt mit dem Schwanz und läuft davon. „Hätte ich doch auch eine so kleine Nase wie Gina",
sagt Evelin
ganz traurig.

„Die Tiere machen sich über meine lange Nase lustig!" klagt Evelin.
„Na und? So ist sie nun mal!" sagt Mutter Elefant. „Ich möchte aber eine Stupsnase haben!"
Die Mutter streicht Evelin über den Kopf und sagt:
„Komm, sei doch nicht dumm! Wir Elefanten brauchen den Rüssel. Er ist sehr nützlich."

Evelin spielt am Fluß. Axel Affe ist am anderen Ufer.
„Du, Evelin, ich möchte zu dir", ruft er, „aber ich kann nicht schwimmen."
„Wart, ich werde dir helfen", sagt Evelin. Sie zieht den Ast mit dem Rüssel zu sich, und Axel spaziert dann hinüber.
„Es tut mir leid, daß ich dich verspottet habe", sagt er.

Evelin stellt die großen Ohren auf
und lauscht. Platsch, platsch!
Kommt das nicht vom Fluß her?
„Hilfe!" ruft plötzlich Paul
Papagei. „Hilfe, ein Krokodil!"
Evelin zieht ihn aus dem Wasser.
Wie? Mit ihrem langen Rüssel,
natürlich.
„Deine Nase hat mich gerettet!"
ruft Paul. Evelin lacht.

Evelin spielt mit ihren Freunden im Wald. Sie treffen Willi Wildschwein. Er jammert: „Die besten Wurzeln sind unter diesem Baumstamm. Ich kann ihn aber nicht wegschieben, weil er zu schwer ist."
Evelin kann wieder helfen.
Sie hebt den Stamm einfach hoch.
„Ich werde nie mehr über deine lange Nase lachen!"
sagt Willi.

Auch Gina Giraffe braucht Hilfe.
„Ich möchte frische Blätter
von dort oben essen“, sagt sie.
„Doch ich erreiche sie nicht.“
„Aber ich!“ sagt Evelin und zieht
den Ast mit ihrem langen Rüssel
näher. Nun kaut Gina zufrieden
die saftigen Blätter.
„Mutter hat recht“, sagt Evelin,
„eine lange Nase kann doch
sehr nützlich sein!“
Sie ist nun froh.

„Es riecht sehr seltsam!" sagt Evelin.
Sie bleibt stehen und wittert.
„Rauch! Es ist Rauch!" ruft sie
dann erschrocken.
„Feuer im Wald? Was können wir
tun?" schreit Paul Papagei.
Evelin weiß, was sie tun muß!
Sie hebt ihren Rüssel ganz hoch
und trompetet laut. So kann sie
schnell alle Elefanten aus dem Wald
versammeln,
wenn Gefahr ist.

Mutter Elefant und alle anderen Elefanten hören den Hilferuf.
Sie eilen zu Evelin.
„Wir brauchen Wasser, um das Feuer zu löschen!" ruft ihnen Evelin zu.
Die Elefanten laufen zum Fluß.
Jeder saugt eine große Menge Wasser mit dem Rüssel auf.
Und bald haben sie das Feuer gemeinsam gelöscht.

„Hurra!“ rufen Paul Papagei und
Axel Affe. „Das Feuer ist aus!
Der Wald ist gerettet!“
„Hurra!“ ruft Willi Wildschwein.
„Hurra!“ ruft auch Gina Giraffe.
„Evelin lebe hoch!“ ruft Axel und
springt auf ihren Rücken.
„Ich weiß was Besseres!“ ruft Willi.
„Hoch, hoch, die lange Nase
von Evelin!“

Erkennst du diese Wörter? Lies sie noch einmal! Suche sie dann im Buch!

Affe	Feuer
lustig	weiß
springt	spottet
Fluß	kannst
Familie	wieder
wirklich	Gefahr
erreiche	heiß
Wasser	fliegt
gerettet	Blätter